SANDWICHES UND BURGER 60

SÜSSES 82

Michael Gerhardy

KERAMIK GRILL

Das Rezeptbuch

Einfache und leckere Grillideen

riva

INHALT

GRILLEN MIT DEM KERAMIKGRILL

In den letzten Jahren hat sich die Grilllandschaft stark verändert. Während vor einiger Zeit noch der klassische Kugelgrill oder ein einfacher Dreibein mit Rost die Standardausrüstung für das heimische Grillen war, kam in den letzten Jahren eine Vielzahl von alternativen Grillgeräten und Techniken auf. Einer der populärsten Newcomer ist wohl der Keramikgrill, wobei die Bezeichnung Newcomer eigentlich nicht zutrifft.

Der moderne Keramikgrill oder Kamado, wie er oft genannt wird, basiert auf der traditionellen Bauart japanischer Öfen, die seit Jahrhunderten zum Kochen, Backen und Grillen verwendet werden. Dies macht ihn zu einem echten Allrounder und er ist deshalb eine beliebte Wahl für Grill- und BBQ-Fans auf der ganzen Welt.

DIE TECHNIK HINTER DEM KERAMIKGRILL

Doch was genau macht den Keramikgrill zum Allrounder? Der Grill besteht in der Regel aus mehreren Komponenten. Hier folgt eine grundlegende Auflistung der Hauptkomponenten eines typischen Keramikgrills:

Das Gehäuse: Das Gehäuse des Keramikgrills ist der runde oder ovale Hauptbestandteil des Grills und ist aus hochwertiger Keramik mit einer Dicke von bis zu zwei Zentimetern gefertigt. Die dicke Keramik sorgt dafür, dass der Grill Wärme effizient speichert und eine gleichmäßige Temperatur ohne Schwankungen im Grillraum aufrechterhält.

Der Deckel: Der Deckel des Keramikgrills besteht ebenfalls aus Keramik und ist durch ein Scharnier am Körper des Grills befestigt. In der Regel verfügt er über eine Lüftungsöffnung, die es dem oder der Bedienenden ermöglicht, die Luftzirkulation im Grill zu regulieren.

Der Grillrost: Er befindet sich im Inneren des Grills und ist normalerweise aus Edelstahl oder Gusseisen gefertigt. Je nach Modell und Größe des Grills hat der Rost unterschiedliche Abmessungen und kann auf verschiedenen Ebenen im Grill positioniert werden.

Deflektorstein: Mit einem Deflektorstein aus Keramik, der über der Kohle platziert wird und somit die Kohle vom Grillgut abschirmt, wird aus dem Keramikgrill ein indirekter Grill, ähnlich einem Smoker – perfekt für Rippchen, Pulled Pork oder Brisket.

Der Feuerkorb: Der Feuerkorb des Keramikgrills befindet sich unter dem Grillrost und dient dazu, die Holzkohle oder das Brennmaterial aufzunehmen. Der Feuerkorb kann ebenfalls aus Keramik oder anderen Materialien wie Edelstahl oder Gusseisen bestehen.

Die Lüftungsöffnungen: Der Keramikgrill verfügt in der Regel über Lüftungsöffnungen an der Unterseite des Grills und wie schon erwähnt am Deckel, die es den Grillenden ermöglichen, die Luftzirkulation im Grill zu regulieren. Durch das Öffnen und Schließen dieser Öffnungen kann man die Temperatur des Grills kontrollieren und ein optimales Grill- oder BBQ-Ergebnis erzielen.

Zubehörteile: Einige Keramikgrills sind mit zusätzlichem Zubehör wie Pizzasteinen, Räucherboxen und Grillplatten ausgestattet, die Möglichkeiten bieten, das Grillen zu erweitern. Diese Zubehörteile können je nach Modell und Hersteller variieren.

AM ANFANG STEHT DIE GLUT

Bevor der Grillspaß beginnt, muss man den Keramikgrill erst mal anfeuern. Als Brennmaterial sollte hier nur natürliche Holzkohle ohne chemische Zusätze zum Einsatz kommen. Den besten Effekt erzielt man mit mittelgroßen und großen Kohlestücken, da diese auch für Longjobs am besten geeignet sind und die Keramik schnell aufheizen. Das Anzünden der Kohle erfolgt dann klassisch mit Grillanzünder, hier auf gar keinen Fall flüssige Grillanzünder verwenden, da diese in die Keramik gelangen können. Am einfachsten geht es mit einem elektrischen Anzünder, einem sogenannten Looftlighter, mit dem man die Kohle in 60 Sekunden angezündet bekommt.

Ist die Kohle angefacht, können der Deckel geschlossen und beide Lüftungsöffnungen komplett geöffnet werden. Durch den Kamineffekt glüht die Kohle schnell durch.

DIE TEMPERATURSTEUERUNG

Vom Gasgrill her kennt man die komfortable Einstellung der Grilltemperatur über die Drehknöpfe, die die Gaszufuhr regulieren. Beim Kamado bedient man sich eines anderen Konzepts zur Temperatureinstellung. Die Temperatur wird beim Keramikgrill durch die Luftzirkulation im Grill geregelt. Die Lüftungsöffnungen am Boden des Grills und am Deckel können geöffnet oder geschlossen werden, um die Luftzirkulation im Grill zu erhöhen oder zu reduzieren. Wenn die Lüftungsöffnungen weit geöffnet sind, strömt mehr Luft in den Grill, wodurch die Glut heißer und das Grillgut schneller gebraten wird. Die Öffnung im Deckel für die Abluft dient zur Feinsteuerung der Temperatur.

DAS GRILLEN

Je nachdem, ob man indirekt oder direkt grillen möchte, muss man den Grill noch entsprechend vorbereiten.

Beim direkten Grillen wird das Grillgut der direkten Hitze der Kohle ausgesetzt. Dazu wird der Grillrost ohne Deflektorplatte in den Grill gelegt, wobei hier je nach Grillhersteller*in die Höhe und damit der Abstand zur Kohle variieren kann. Oft kann man noch zusätzliche Ebenen über dem Grillrost positionieren, wodurch man dann mit den unterschiedlichen Temperaturen spielen kann und sogar eine Warmhaltezone hat.

Beim indirekten Grillen wird die direkte Strahlungshitze der Kohle durch die Deflektorplatte abgeschirmt und man erzielt dadurch den Effekt wie in einem Backofen. Über die Platte kommen dann noch die Grillroste, auch hier sind zusätzliche Ebenen möglich. Um Fettbrände zu verhindern, kann man auf dem untersten Rost eine mit Wasser gefüllte Auffangschale platzieren.

ZUBEHÖR

Natürlich gibt es wie bei den anderen Grillgeräten für den Keramikgrill ebenfalls eine breite Palette an Zubehör. Neben Pizzasteinen, die auch in diesem Buch verwendet werden, gibt es spezielle Planchas (Feuerplatten) sowie Rotisserien, die eine Zubereitung von Hähnchen oder Spießbraten ermöglichen. Hier kann jeder Grill nach individuellen Ansprüchen erweitert werden.

DAS GRILLEN KANN BEGINNEN

Egal ob Pizza, Brot oder Burger – durch den breiten Temperaturbereich von 80–400 °C kann man mit dem Keramikgrill nahezu alle (Grill-)Aufgaben perfekt lösen. Gerade bei Low-&-Slow-Gerichten macht er seinen Job unschlagbar gut und man muss nicht ständig den Grill im Blick haben beziehungsweise man kann ihn auch beruhigt über Nacht laufen lassen.

Außerdem ist er ja durch seine Optik und den Aufbau allein schon ein echter Hingucker bei jeder Grillparty. Selbst wenn er in der Anschaffung etwas teurer ist, erhält man doch viel »Grillgerät« für das Geld und hat bei guter Pflege etliche Jahre seine Freude am Grillen.

Viel Spaß beim Einsatz des Keramikgrills und beim Nachgrillen der Rezepte!

VORSPEISEN UND SNACKS

Brot

ZUBEREITUNGSZEIT:
27 STUNDEN TEIGRUHE • 15 MINUTEN VORBEREITUNG • 50 MINUTEN GRILLEN

ZUTATEN FÜR 1 BROT

Vorteig:

100 ml Bier
100 g Weizenmehl + mehr zum Bestäuben
2 g frische Hefe

Hauptteig:

400 g Vollkornmehl
300 ml Bier
10 g frische Hefe
2 TL Salz

Zubehör:

gusseiserner Topf
Backpapier

1. Für den Vorteig Bier, Mehl und Hefe in eine Schüssel geben, verrühren und 24 Stunden zugedeckt an einem kühlen Ort stehen lassen.
2. Am nächsten Tag den Vorteig mit den Zutaten für den Hauptteig in einer Küchenmaschine mindestens 10 Minuten gut durchkneten.
3. Den Teig abgedeckt 3 Stunden ruhen lassen, dabei jede Stunde den Teig dehnen und falten.
4. Den Grill mit dem gusseisernen Topf bei indirekter Hitze auf 220 °C vorheizen.
5. Den Teig zur Kugel formen, auf das Backpapier setzen und die Oberfläche mit etwas Mehl bestäuben. Mit einem scharfen Messer die Oberfläche leicht einritzen.
6. Das Backpapier an den Ecken anfassen und das Brot so in den heißen Topf setzen. Deckel aufsetzen und Brot 30 Minuten auf dem Grill backen. Danach den Deckel abnehmen und das Brot weitere 20 Minuten backen, bis die Oberfläche schön braun ist.
7. Brot mit dem Backpapier aus dem Topf heben und vor dem Anschneiden abkühlen lassen.

Gefüllte Zwiebeln

ZUBEREITUNGSZEIT:
10 MINUTEN VORBEREITUNG • 35 MINUTEN GRILLEN

ZUTATEN FÜR 4 PERSONEN

4 große Gemüsezwiebeln
4 grobe Bratwürste
4 EL BBQ-Soße
4 EL geriebener Cheddar

1. Den Grill für 180 °C indirekte Hitze vorbereiten.
2. Zwiebeln schälen und mit einem Löffel vorsichtig aushöhlen. Falls das Innere zu fest ist, mit einem spitzen Messer kreuzweise ein paar Schnitte machen, damit sich die innen liegenden Schalen besser auslöffeln lassen.
3. Ausgehöhlte Zwiebelreste klein schneiden, 4 EL davon in eine Schüssel geben.
4. Die Bratwürste pellen, mit der BBQ-Soße zu den Zwiebelresten geben und vermischen. Die Bratwurstmasse in die ausgehöhlten Zwiebeln drücken.
5. Zwiebeln auf dem Grill bei 180 °C indirekter Hitze ca. 25 Minuten grillen, dann auf jede Zwiebel 1 EL Cheddar streuen und 10 Minuten weitergrillen.

Baba Ghanoush

ZUBEREITUNGSZEIT:
10 MINUTEN VORBEREITUNG • 40 MINUTEN GRILLEN

ZUTATEN FÜR 4–6 PERSONEN

- 3 Auberginen
- 4 Knoblauchzehen
- 3 EL Tahini
- Saft von ½ Zitrone
- ½ TL gemahlener Kreuzkümmel
- ½ TL geräuchertes Paprikapulver
- 3 EL Olivenöl
- Salz, Pfeffer

Zubehör:

Stabmixer

1. Den Grill für 180 °C indirekte Hitze vorbereiten.
2. Auberginen waschen, abtrocknen und mit einer Gabel ringsherum einstechen. Dann bei 180 °C indirekter Hitze 30–40 Minuten auf dem Grill braten. Die Knoblauchzehen mit Schale ebenfalls grillen.
3. Die Auberginen vom Grill nehmen und etwas abkühlen lassen. Dann halbieren, das Fruchtfleisch auslöffeln und in ein Sieb geben, damit das überschüssige Wasser abtropfen kann.
4. Auberginenfleisch mit Tahini, Zitronensaft, Kreuzkümmel und Paprikapulver in eine Schüssel geben. Den weichen gerösteten Knoblauch aus der Schale dazupressen und alles kurz mit dem Stabmixer durchmixen. Dabei nach und nach das Olivenöl zugießen. Mit Salz und Pfeffer abschmecken.

Dazu passt gut Pitabrot zum Dippen.

Gefülltes Käsebrot

ZUBEREITUNGSZEIT:
2 STUNDEN VORBEREITUNG • 10 MINUTEN GRILLEN

ZUTATEN FÜR 12 BROTE

- 500 g Mehl + mehr für die Arbeitsfläche
- 1 Päckchen Trockenhefe
- 2 TL Salz
- 2 TL Zucker
- 280 ml Wasser
- 40 g geriebener Mozzarella
- 80 g geriebener Gouda

Zubehör:

Küchenmaschine mit Knethaken

1. Das Mehl, die Trockenhefe, Salz und Zucker in der Schüssel der Küchenmaschine vermischen. Danach das Wasser hinzugeben und alles in 10 Minuten zu einem geschmeidigen Teig verkneten.
2. Die Schüssel mit einem sauberen Tuch abdecken und Teig an einem warmen Ort ca. 1 ½ Stunden gehen lassen.
3. Den Teig in 12 gleichmäßige Portionen aufteilen und nochmals 30 Minuten zugedeckt gehen lassen.
4. Währenddessen den Grill für 200 °C direkte Hitze vorbereiten.
5. Die Teiglinge auf der bemehlten Arbeitsfläche ausrollen. Jeweils etwas Mozzarella und Gouda in die Mitte setzen. Die Ränder übereinanderschlagen, sodass geschlossene Kugeln entstehen. Die Kugeln entweder mit dem Nudelholz oder per Hand etwas flach drücken.
6. Die Brotfladen bei 200 °C direkter Hitze von jeder Seite 3–5 Minuten grillen.

Gemüsespiesse

ZUBEREITUNGSZEIT:
40 MINUTEN VORBEREITUNG • 15 MINUTEN GRILLEN

ZUTATEN FÜR 4–6 PERSONEN

- 1 rote Paprikaschote
- 1 gelbe Paprikaschote
- 1 Zucchini
- 1 Aubergine
- 1 rote Zwiebel
- 8–10 Champignons
- 2–3 Knoblauchzehen
- 3–4 EL Olivenöl
- 1 TL edelsüßes Paprikapulver
- 1 TL getrockneter Oregano
- 1 TL getrockneter Thymian
- Salz und Pfeffer

Zubehör:

Metallspieße / Holzspieße

1. Das Gemüse waschen und in gleichmäßige Stücke schneiden.
2. Den Knoblauch schälen und fein hacken. Mit Olivenöl, Paprikapulver, Oregano, Thymian, Salz und Pfeffer zu einer Marinade vermischen.
3. Das Gemüse in die Marinade einlegen und mindestens 30 Minuten ziehen lassen.
4. Die Spieße abwechselnd mit dem marinierten Gemüse bestücken.
5. Den Keramikgrill auf eine Temperatur von 200–220 °C direkte Hitze vorheizen.
6. Die Gemüsespieße auf den Grill legen und von jeder Seite ca. 5–7 Minuten grillen, bis das Gemüse weich und leicht gebräunt ist.

Gegrillter Kartoffelsalat

ZUBEREITUNGSZEIT:
15 MINUTEN VORBEREITUNG • 15 MINUTEN GRILLEN

ZUTATEN FÜR 4 PERSONEN

600 g Drillinge
150 g braune Champignons
150 g Bacon am Stück
10 Kirschtomaten
200 g Remoulade
120 ml Milch
1 TL Dijonsenf
Salz, Pfeffer

Zubehör:

gusseiserne Pfanne

1. Den Grill für 200 °C direkte Hitze vorbereiten.
2. Drillinge waschen, halbieren und in einem Topf mit kochendem Wasser 10 Minuten vorkochen, anschließend durch ein Sieb abgießen.
3. Die Champignons säubern und vierteln. Den Bacon in Streifen schneiden. Drillinge, Champignons und Bacon in die gusseiserne Pfanne geben und über direkter Hitze bei 200 °C 10–15 Minuten braten, bis die Drillinge weich sind.
4. In der Zeit die Kirschtomaten waschen und halbieren.
5. Inhalt der Pfanne mit den Kirschtomaten in eine Schüssel geben.
6. Die Remoulade in einer Schüssel mit der Milch und dem Senf verrühren und über den Kartoffelsalat gießen. Alles gut verrühren und mit Salz und Pfeffer abschmecken. Salat etwas ziehen lassen und nochmals abschmecken.

Lachs-Crostini

ZUBEREITUNGSZEIT:
20 MINUTEN VORBEREITUNG • 10 MINUTEN GRILLEN

ZUTATEN FÜR 8 PERSONEN

1 EL Öl
1 EL Zitronensaft
2 TL Salz
½ TL Piment d'Espelette
250 g Lachsfilet mit Haut
1 Schalotte
8 EL Frischkäse
1 EL Schnittlauchröllchen
1 Schuss Weißwein
1 Baguette

1. Den Grill für 160 °C direkte Hitze vorbereiten.
2. Öl, Zitronensaft, Salz und Piment in einer Schüssel verrühren und den Lachs damit einpinseln. Den Lachs mit der Hautseite auf den Grill legen und bei 160 °C direkter Hitze 4–5 Minuten braten, dann umdrehen und weitere 3–4 Minuten grillen. Lachs vom Grill nehmen und etwas ruhen lassen.
3. Die Schalotte schälen und fein würfeln. Mit Frischkäse, Schnittlauch und Weißwein in einer Schüssel verrühren.
4. Das Baguette in Scheiben schneiden und diese kurz auf dem Grill anrösten.
5. Die Frischkäsecreme auf den Baguettescheiben verstreichen. Den Lachs mit einer Gabel zerteilen und auf den Baguettescheiben verteilen.

Fisch-Tacos

ZUBEREITUNGSZEIT:
10 MINUTEN VORBEREITUNG • 10 MINUTEN GRILLEN

ZUTATEN FÜR 6 PERSONEN

Gewürzmischung:

1 EL edelsüßes Paprikapulver
1 EL gemahlener Kreuzkümmel
1 TL Knoblauchpulver
1 TL Zwiebelpulver
1 TL Chilipulver (mild oder scharf, je nach Geschmack)
1 TL getrockneter Oregano
½ TL Salz
¼ TL Pfeffer

Fisch-Tacos:

600 g Kabeljau
1 EL Olivenöl
½ Rotkohl
12 Tortillas
12 EL griechischer Joghurt
Sriracha-Soße nach Belieben
6 Limettenspalten

1. Den Grill für 160 °C direkte Hitze vorbereiten.
2. Für die Gewürzmischung alle Zutaten in einer Schüssel verrühren.
3. Den Fisch zuerst mit dem Olivenöl beträufeln, dann mit 2 TL der Gewürzmischung einreiben. Auf dem Grill von jeder Seite 3–4 Minuten braten.
4. Währenddessen den Rotkohl putzen, waschen und in Streifen schneiden.
5. Die Tortillas kurz auf dem Grill erwärmen und dann mit dem Rotkohl, Joghurt, Fisch und etwas Sriracha-Soße belegen. Dazu die Limettenspalten servieren.

HAUPTGERICHTE

Pizza

ZUBEREITUNGSZEIT:
24 STUNDEN TEIGRUHE • 20 MINUTEN VORBEREITUNG • 5 MINUTEN GRILLEN

ZUTATEN FÜR 4 PERSONEN

Teig:

500 g Pizzamehl
2 TL Salz
2 g frische Hefe
300 ml kaltes Wasser
Mehl für die Arbeitsfläche

Belag:

1 Knoblauchzehe
400 g Tomatensoße aus der Dose
2 TL getrocknete italienische Kräuter
½ TL Salz
400 g Mozzarella
Lieblingszutaten zum Belegen

Zubehör:

Küchenmaschine mit Knethaken
Pizzastein

1. Für den Teig Mehl, Salz, Hefe und Wasser in der Küchenmaschine vermischen und mindestens 10 Minuten kneten.
2. Auf einer bemehlten Arbeitsfläche Teig nochmals von Hand durchkneten und zu einer Kugel formen. Die Teigkugel in eine Schüssel geben und mit Küchenfolie abdecken. An einem kühlen Ort 20 Stunden gehen lassen.
3. Nach der Ruhezeit Teig in 4 Portionen aufteilen und zu Kugeln formen. Die Teigstücke noch mal abgedeckt bei Zimmertemperatur 4 Stunden gehen lassen.
4. Den Grill für 250 °C indirekte Hitze vorbereiten.
5. Aus den Kugeln auf der bemehlten Arbeitsfläche 4 Pizzen formen, am besten Teig von innen nach außen drücken, sodass ein schöner hoher Rand entsteht.
6. Für den Belag den Knoblauch schälen und in eine Schüssel pressen. Tomatensoße, Kräuter und Salz zugeben und gut verrühren. Pizzen mit Tomatensoße bestreichen.
7. Mozzarella abtropfen lassen, in Stücke schneiden und auf den Pizzen verteilen. Nach Belieben mit weiteren Zutaten belegen.
8. Pizzen nacheinander auf den Pizzastein geben und auf dem vorgeheizten Grill bei 250 °C indirekter Hitze 3–5 Minuten backen (je nach Dicke).

Zitronen-Chicken-Wings

ZUBEREITUNGSZEIT:
5 MINUTEN VORBEREITUNG • 70 MINUTEN GRILLEN

ZUTATEN FÜR 4 PERSONEN

50 ml Olivenöl
4 Knoblauchzehen
200 ml Zitronensaft
20 Chicken Wings
Salz, Pfeffer

Zubehör:

gusseiserne Pfanne

1. Den Grill für 200 °C indirekte Hitze vorbereiten.
2. Die Pfanne mit dem Olivenöl auf den Grill stellen und erhitzen.
3. Den Knoblauch schälen, würfeln, in die Pfanne geben und goldgelb rösten, aber nicht verbrennen lassen. Dann mit dem Zitronensaft ablöschen und die Pfanne vom Grill nehmen.
4. Die Chicken Wings salzen und pfeffern und bei 200 °C indirekter Hitze auf den Grill legen. Nach 30 Minuten Chicken Wings mit der Zitronen-Öl-Knoblauch-Mischung bepinseln und dies alle 10–15 Minuten wiederholen.
5. Die Chicken Wings sollten nach 60–70 Minuten gar sein. Kurz vor dem Servieren nochmals mit der Marinade bepinseln.

Gefüllte Bratwurst mit Käsecreme

ZUBEREITUNGSZEIT:
10 MINUTEN VORBEREITUNG • 25 MINUTEN GRILLEN

ZUTATEN FÜR 4 PERSONEN

- 4 grobe Bratwürste
- 1 Jalapeño
- 4 EL Frischkäse
- 4 EL geriebener Cheddar
- 1 TL Worcestershiresoße
- 1 Prise Salz
- 16 Scheiben Bacon
- 4 EL BBQ-Soße

1. Den Grill für 180 °C indirekte Hitze vorbereiten.
2. Die Würste längs einschneiden und etwas nach außen auseinanderdrücken, damit so etwas wie eine Bootsform entsteht.
3. Jalapeño klein würfeln und in einer Schüssel mit dem Frischkäse und dem Cheddar vermischen, mit Worcestershiresoße und Salz abschmecken. Jeweils 2 EL von der Masse in jede Wurst geben und verteilen. Die Würste wieder etwas zusammendrücken und jeweils mit 4 Scheiben Bacon komplett umwickeln.
4. Die Würste bei 180 °C indirekter Hitze 25 Minuten grillen. 5 Minuten vor Ende der Grillzeit Würste mit der BBQ-Soße bestreichen.

Gegrilltes Flanksteak

ZUBEREITUNGSZEIT:
45 MINUTEN VORBEREITUNG • 10 MINUTEN GRILLEN

ZUTATEN FÜR 4 PERSONEN

- 2 EL Sojasoße
- 2 EL Olivenöl
- 1 EL Honig
- 1 TL edelsüßes Paprikapulver
- ½ TL gemahlener Kreuzkümmel
- Salz, Pfeffer
- 2 Knoblauchzehen
- 1 Flanksteak (ca. 500 g)

1. Sojasoße, Olivenöl, Honig, Paprikapulver, Kreuzkümmel, Salz und Pfeffer in eine Schüssel geben. Die Knoblauchzehen schälen, dazupressen und alles gut verrühren.
2. Das Flanksteak in die Marinade legen und mindestens 30 Minuten im Kühlschrank marinieren lassen.
3. Währenddessen den Grill für 220 °C direkte Hitze vorbereiten.
4. Das Flanksteak auf den heißen Grill legen und auf jeder Seite 4–5 Minuten grillen, je nach gewünschtem Gargrad. Für medium rare liegt die Kerntemperatur bei 54–57 °C, für medium bei 60–63 °C.
5. Wenn das Flanksteak fertig ist, Fleisch vom Grill nehmen und 5 Minuten ruhen lassen. Danach gegen die Faser in dünne Scheiben schneiden.

Süsskartoffel-Kumpir

ZUBEREITUNGSZEIT:
15 MINUTEN VORBEREITUNG • 60 MINUTEN GRILLEN

ZUTATEN FÜR 4 PERSONEN

- 4 große Süßkartoffeln
- 4 EL Butter
- 150 ml Milch
- 75 g Mais aus der Dose
- 75 g Kidneybohnen aus der Dose
- 4 Stängel glatte Petersilie
- 70 g geriebener Käse
- Salz, Pfeffer

1. Den Grill für 200 °C indirekte Hitze vorbereiten.
2. Die Süßkartoffeln waschen und längs in der Mitte durchschneiden.
3. Die Süßkartoffelhälften dann mit der Schnittfläche nach unten auf den Grill legen und 30–45 Minuten (je nach Dicke) grillen. Die gegrillten Süßkartoffelhälften vom Grill nehmen und etwas abkühlen lassen.
4. Die Süßkartoffeln mit einem Löffel auskratzen, sodass die Schalen erhalten bleiben, und das Innere in eine Schüssel geben. Butter und Milch zufügen und mit einer Gabel zerdrücken und vermischen.
5. Mais und Kidneybohnen in ein Sieb abgießen, abspülen und abtropfen lassen.
6. Petersilie waschen, trocken schütteln und hacken.
7. Anschließend geriebenen Käse, Mais, Kidneybohnen und Petersilie zur Süßkartoffelmasse geben und alles gut verrühren. Mit Salz und Pfeffer abschmecken.
8. Die Süßkartoffelmasse in die ausgehöhlten Süßkartoffelschalen füllen und weitere 5–10 Minuten auf den Grill legen, bis der Käse geschmolzen ist.

Hähnchen auf der Bierdose

ZUBEREITUNGSZEIT:
20 MINUTEN VORBEREITUNG • 90 MINUTEN GRILLEN

ZUTATEN FÜR 2 PERSONEN

- 1 ganzes Hähnchen, küchenfertig (1–1,2 kg)
- 2 EL Olivenöl
- 2 EL edelsüßes Paprikapulver
- 2 EL Knoblauchpulver
- 1 EL Zwiebelpulver
- 1 EL brauner Zucker
- 1 TL Salz
- 1 TL Pfeffer
- 1 Dose Bier

1. Den Grill für 180 °C indirekte Hitze vorbereiten.
2. Das Hähnchen innen und außen gut waschen und mit Küchenpapier trocken tupfen.
3. In einer Schüssel Olivenöl, Paprikapulver, Knoblauchpulver, Zwiebelpulver, braunen Zucker, Salz und Pfeffer vermischen.
4. Das Hähnchen mit der Gewürzmischung einreiben.
5. Die Dose Bier öffnen und etwa die Hälfte davon abtrinken oder umfüllen.
6. Das Hähnchen so auf die Dose setzen, dass es aufrecht auf dem Grill platziert werden kann und nicht umfällt.
7. Das Hähnchen 1–1 ½ Stunden auf dem Keramikgrill indirekt grillen, bis die Innentemperatur an der dicksten Stelle mindestens 80 °C erreicht hat.
8. Das Hähnchen vom Grill nehmen und vorsichtig die Dose entfernen (sehr heiß!). Auf einem Schneidebrett etwas ruhen lassen und dann tranchieren.

Krustenbraten

ZUBEREITUNGSZEIT:
90 MINUTEN VORBEREITUNG • 2 STUNDEN GRILLEN

ZUTATEN FÜR 4 PERSONEN

1 ½ kg Schweinebraten mit Schwarte
200 g Salz
6 EL BBQ-Rub, z. B. Magic Dust

Zubehör:

Auflaufform

1. Den Grill für 180 °C indirekte Hitze vorbereiten.
2. Die Schwarte des Bratens rautenförmig einschneiden, aber dabei nicht in das Fleisch schneiden.
3. Das Salz in eine Auflaufform geben und das Fleisch mit der Schwarte nach unten darauflegen. Den Braten mindestens 1 Stunde ruhen lassen, damit das Wasser aus der Schwarte gezogen wird. Danach das Fleisch aus der Form nehmen und das Salz abklopfen.
4. Dann Fleisch mit dem BBQ-Rub einreiben, mit der Fleischseite nach unten auf den Grill legen und bei 180 °C indirekter Hitze 2 Stunden grillen.

Veggie-Tarte

ZUBEREITUNGSZEIT:
20 MINUTEN VORBEREITUNG • 45 MINUTEN GRILLEN

ZUTATEN FÜR 4 PERSONEN

1 Rolle fertiger Tarte-Teig aus dem Kühlregal
Mehl für die Arbeitsfläche
1 kleine Zwiebel
1 rote Paprikaschote
1 Zucchini
1 EL Öl
3 Eier
120 ml Milch
120 ml Sahne
60 g geriebener Gouda
½ TL getrockneter Thymian
½ TL getrockneter Oregano
Salz, Pfeffer
1 EL Butter

Zubehör:

Tarteform (ø 23 cm)
gusseiserne Pfanne

1. Den Keramikgrill für 180 °C indirekte Hitze vorbereiten.
2. Die Zwiebel schälen und würfeln. Die Paprikaschote waschen, putzen und in Streifen schneiden. Die Zucchini waschen, putzen und in Scheiben schneiden.
3. Die gusseiserne Pfanne mit dem Öl auf den Grillrost stellen und Zucchini, Paprika und Zwiebel darin in 8–10 Minuten weich grillen.
4. In einer Schüssel Eier, Milch, Sahne, Gouda, Kräuter, Salz und Pfeffer vermischen.
5. Den Teig auf einer bemehlten Arbeitsfläche ausrollen. Die Tarteform etwas ausbuttern und den Teig in die Form legen. Die Ränder des Teigs etwas hochziehen und mit einer Gabel mehrmals einstechen.
6. Das gegrillte Gemüse auf dem Teigboden verteilen und die Eiermischung darübergießen.
7. Die Tarte auf dem Keramikgrill bei 180 °C indirekter Hitze 30–35 Minuten grillen, bis die Füllung fest und der Käse goldbraun ist.
8. Tarte vom Grill nehmen und auf einem Teller servieren.

Chicken Caprese

ZUBEREITUNGSZEIT:
45 MINUTEN VORBEREITUNG • 30 MINUTEN GRILLEN

ZUTATEN FÜR 4 PERSONEN

2 Knoblauchzehen
50 ml Balsamicoessig
1 EL Ahornsirup
2 EL Öl
1 TL Salz
4 Hähnchenbrustfilets (à 200 g)
200 g Kirschtomaten
100 g Mozzarella

Zubehör:

gusseiserne Form

1. Den Grill für 180 °C indirekte Hitze vorbereiten.
2. Den Knoblauch schälen und würfeln. Mit dem Balsamicoessig, Ahornsirup, Öl und Salz in einer Schüssel verrühren. Marinade mit den Hähnchenbrustfilets in einen verschließbaren Gefrierbeutel oder eine Plastikschüssel geben, etwas durchkneten, sodass das Fleisch gut mit der Marinade überzogen ist. Mindestens 30 Minuten im Kühlschrank marinieren.
3. Währenddessen Kirschtomaten waschen.
4. Nach dem Marinieren die Hähnchenbrüste in die Form legen, die Kirschtomaten rundherum platzieren und die Filets 30 Minuten bei indirekter Hitze grillen.
5. 5 Minuten vor Grillzeitende den Mozzarella abtropfen lassen, in Scheiben schneiden und auf dem Fleisch verteilen.

Lammkarree

ZUBEREITUNGSZEIT:
5 MINUTEN VORBEREITUNG • ÜBER NACHT MARINIEREN • 25 MINUTEN GRILLEN

ZUTATEN FÜR 2–3 PERSONEN

- 1 TL gemahlener Kreuzkümmel
- 1 TL gemahlener Koriander
- 1 TL edelsüßes Paprikapulver
- 1 TL Knoblauchpulver
- ½ TL gemahlener Zimt
- ½ TL Cayennepfeffer
- ½ TL Salz
- ¼ TL schwarzer Pfeffer
- 1 Lammkarree (ca. 700–900 g)

1. Die Kräuter und Gewürze in einer Schüssel gut vermischen und das Lammkarree damit von allen Seiten gründlich einreiben. Das Fleisch über Nacht im Kühlschrank marinieren lassen.
2. Den Keramikgrill für 200 °C direkte Hitze vorbereiten.
3. Das Lammkarre auf der Fleischseite 4–5 Minuten bei direkter Hitze scharf anbraten, dann in den indirekten Bereich legen und auf der Seite mit den Knochen auf 58 °C Kerntemperatur gar ziehen lassen (15–20 Minuten).

Beef Ribs

ZUBEREITUNGSZEIT:
5 MINUTEN VORBEREITUNG • ÜBER NACHT MARINIEREN •
6 STUNDEN GRILLEN • 15 MINUTEN RUHEN

ZUTATEN FÜR 4–6 PERSONEN

- 2 EL brauner Zucker
- 1 ½ EL edelsüßes Paprikapulver
- 1 EL Meersalz
- 1 EL Knoblauchpulver
- 1 EL Zwiebelpulver
- 1 TL Pfeffer
- 1 TL gemahlener Kreuzkümmel
- 1 TL Chilipulver
- 1 TL Senfpulver
- 2 kg Beef Ribs

1. In einer Schüssel Zucker und Gewürze miteinander vermischen und die Beef Ribs damit großzügig einreiben. Die Beef Ribs über Nacht im Kühlschrank marinieren lassen.
2. Am nächsten Tag den Keramikgrill für 120 °C indirekte Hitze vorbereiten.
3. Die Beef Ribs auf den Grill legen und 6 Stunden bei indirekter Hitze garen, anschließend vom Rost nehmen und 10–15 Minuten ruhen lassen.

Tandoori-Drumsticks

ZUBEREITUNGSZEIT:
10 MINUTEN VORBEREITUNG • 12 STUNDEN MARINIEREN • 15 MINUTEN GRILLEN

ZUTATEN FÜR 4 PERSONEN

- 4 Knoblauchzehen
- 4 EL Joghurt
- 2 EL Zitronensaft
- 1 EL gemahlener Ingwer
- ½ TL gemahlener Kreuzkümmel
- 1 TL Cayennepfeffer
- 1 TL Salz
- 16 Hähnchen-Drumsticks
- Zitronenspalten (optional)

Zubehör:

verschließbarer Gefrierbeutel

1. Knoblauch schälen und hacken. In einer Schüssel den Joghurt, den Zitronensaft, den Knoblauch und die Gewürze mischen.
2. Die Drumsticks in einen verschließbaren Gefrierbeutel füllen und den Joghurtmix dazugeben. Alles gut durchkneten und das Fleisch 12 Stunden im Kühlschrank marinieren.
3. Am nächsten Tag den Keramikgrill für 220–230 °C direkte Hitze vorbereiten.
4. Die Drumsticks aus der Marinade holen und auf dem Grill von jeder Seite 6–7 Minuten scharf anbraten. Im Inneren sollten die Drumsticks eine Kerntemperatur von 80 °C haben.
5. Drumsticks optional mit ein paar Zitronenspalten servieren.

Gegrillte Schweinekoteletts

ZUBEREITUNGSZEIT:
15 MINUTEN VORBEREITUNG • 10 MINUTEN GRILLEN • 5 MINUTEN RUHEN

ZUTATEN FÜR 4 PERSONEN

Fleisch:

- 2 EL Olivenöl
- 1 EL frisch gehackter Rosmarin
- 1 EL frisch gehackter Thymian
- 1 EL geräuchertes Paprikapulver
- ½ TL Cayennepfeffer
- 1 TL Salz
- ½ TL Pfeffer
- 4 Knoblauchzehen
- 4 Schweinekoteletts (à ca. 300–400 g)

Salsa:

- 400 g Tomaten
- ½ Zwiebel
- 1 Knoblauchzehe
- 1 Jalapeño
- ½ Bund frischer Koriander
- Saft von ½ Limette
- Salz, Pfeffer

1. Den Grill für 220 °C direkte Hitze vorbereiten.
2. Das Öl mit dem Rosmarin, Thymian, Paprikapulver, Cayennepfeffer, Salz und Pfeffer in einer Schüssel verrühren. Die Knoblauchzehen schälen, dazupressen und noch mal umrühren.
3. Die Schweinekoteletts mit der Ölmischung einpinseln und etwas ziehen lassen.
4. In der Zwischenzeit für die Salsa die Tomaten waschen, putzen und würfeln. Zwiebel und Knoblauch schälen und sehr klein würfeln. Jalapeño ebenfalls in sehr feine Würfel schneiden. Den Koriander waschen, trocken schütteln, grob hacken und mit den Tomaten, Zwiebeln, Knoblauch und Jalapeño in eine Schüssel geben. Die Limette auspressen, den Saft in die Schüssel geben und alles gut vermischen. Mit Salz und Pfeffer abschmecken.
5. Die Schweinekoteletts bei 220 °C direkter Hitze auf jeder Seite 4–5 Minuten grillen. Die Kerntemperatur sollte an der dicksten Stelle um die 60 °C betragen.
6. Die Schweinekoteletts vom Grill nehmen und abgedeckt noch 3–5 Minuten ruhen lassen. Mit der Salsa anrichten.

Gegrillte Mini-Haxen

ZUBEREITUNGSZEIT:
1 STUNDE VORBEREITUNG • 30 MINUTEN GRILLEN

ZUTATEN FÜR 4 PERSONEN

- 1 TL Paprikapulver
- 1 TL Knoblauchpulver
- 1 TL Zwiebelpulver
- 1 TL Salz
- ½ TL schwarzer Pfeffer
- ¼ TL Cayennepfeffer
- 8 Mini-Schweinshaxen (ca. 300 g)

1. Paprikapulver, Knoblauchpulver, Zwiebelpulver, Salz, schwarzen Pfeffer und Cayennepfeffer in einer Schale vermischen.
2. Die Mini-Schweinshaxen in eine Schüssel legen, gut mit der Gewürzmischung einreiben und mindestens eine Stunde marinieren lassen.
3. Den Grill auf 180 °C direkte Hitze vorbereiten.
4. Die Haxen auf den Grill legen und etwa 25–30 Minuten grillen, wobei man das Fleisch alle 5 Minuten wenden sollte, damit es auf beiden Seiten gleichmäßig braun wird. Am besten die Innentemperatur der Mini-Haxen mit einem Fleischthermometer prüfen, um sicherzustellen, dass sie durchgegart sind. Die Innentemperatur sollte etwa 80–85 °C betragen.
5. Danach die Haxen vom Grill nehmen und für ein paar Minuten ruhen lassen, bevor sie serviert werden.

Gegrillte Ratatouille

ZUBEREITUNGSZEIT:
20 MINUTEN VORBEREITUNG • 20 MINUTEN GRILLEN

ZUTATEN FÜR 4 PERSONEN

- 1 große Aubergine
- 2 mittelgroße Zucchini
- 2 große rote Paprikaschoten
- 1 große Zwiebel
- 2 Knoblauchzehen
- 3 EL Olivenöl
- Salz, Pfeffer
- 2 TL getrockneter Thymian
- 2 TL getrockneter Oregano
- 400 g stückige Tomaten aus der Dose
- 8 frische Basilikumblätter

Zubehör:

gusseiserne Pfanne

1. Den Grill für 160 °C direkte Hitze vorbereiten.
2. Aubergine und Zucchini waschen, putzen und längs in dünne Scheiben schneiden. Die Paprikaschoten waschen, putzen und in Streifen schneiden. Zwiebel schälen und in Scheiben schneiden. Knoblauch schälen und fein hacken.
3. Das Gemüse in eine große Schüssel geben. Das Olivenöl, Salz, Pfeffer, Thymian und Oregano hinzufügen und alles gut miteinander vermischen.
4. Die Gemüsemischung in die Pfanne geben und auf dem vorgeheizten Grill 15–20 Minuten grillen, bis das Gemüse weich und leicht gebräunt ist.
5. In der Zwischenzeit die stückigen Tomaten in einer Schüssel mit Salz und Pfeffer abschmecken.
6. Das gegrillte Gemüse vom Grill nehmen, zu der Tomatensoße geben und vorsichtig umrühren. Basilikum waschen, trocken schütteln und hacken. Ratatouille vor dem Servieren mit Basilikum bestreuen.

Lachs von der Planke

ZUBEREITUNGSZEIT:
2 STUNDEN PLANKE WÄSSERN • 5 MINUTEN VORBEREITUNG • 20 MINUTEN GRILLEN

ZUTATEN FÜR 4 PERSONEN

3 Rosmarinzweige
1 Bio-Zitrone
1 Lachsfilet (ca. 500 g)
Salz, frisch gemahlener Pfeffer
etwas Olivenöl

Zubehör:

Holzplanke aus Zedernholz

1. Die Holzplanke 2 Stunden wässern.
2. Den Grill für 150 °C indirekte Hitze vorbereiten. Wenn die Temperatur erreicht ist, die Planke von jeder Seite 1 Minute angrillen.
3. Rosmarin waschen und trocken schütteln. Zitrone waschen und in Scheiben schneiden.
4. Den Fisch salzen und pfeffern, dann mit der Hautseite nach unten auf die Planke legen.
5. Den Fisch leicht mit Olivenöl einreiben und die Rosmarinzweige und Zitronenscheiben darauflegen. Den Deckel des Grills schließen und Fisch 20 Minuten grillen.

SANDWICHES UND BURGER

Steak-Sandwich

ZUBEREITUNGSZEIT:
10 MINUTEN VORBEREITUNG • 20 MINUTEN GRILLEN

ZUTATEN FÜR 4 PERSONEN

- 2 Rib-Eye-Steaks (à 250 g, ca. 3 cm dick)
- Salz
- 2 EL Öl
- 4 Ciabatta-/Baguette-Brötchen
- 4 EL Butter
- Salz, Pfeffer
- 2 Tomaten
- 1 rote Zwiebel
- 4 Scheiben Provolone-Käse

1. Den Keramikgrill für 250 °C direkte Hitze vorbereiten.
2. Die Steaks salzen und mit etwas Öl einreiben, dann auf dem Grill etwa 4–5 Minuten pro Seite grillen, bis sie eine schöne Kruste haben und medium rare gegart sind. Die Steaks vom Grill nehmen und etwa 5 Minuten ruhen lassen.
3. Währenddessen die Brötchen aufschneiden und die Innenseiten mit Butter bestreichen. Auf dem Keramikgrill etwa 1 Minute pro Seite grillen, bis die Innenseiten knusprig und goldbraun sind.
4. Die Tomaten waschen und in Scheiben schneiden. Die Zwiebel schälen und in dicke Ringe schneiden. Beides auf den Grillrost legen und grillen, bis das Gemüse weich und leicht gebräunt ist.
5. Die Steaks in dünne Scheiben schneiden und auf den Brötchenunterseiten verteilen. Die gegrillten Tomaten und Zwiebeln darüberlegen und mit je 1 Scheibe Provolone-Käse belegen.
6. Deckel auflegen und Sandwiches auf dem Keramikgrill bei indirekter Hitze grillen, bis der Käse geschmolzen ist.

Thunfisch-Sandwich

ZUBEREITUNGSZEIT:
10 MINUTEN VORBEREITUNG • 5 MINUTEN GRILLEN

ZUTATEN FÜR 4 PERSONEN

- 2 Knoblauchzehen
- ½ Zitrone
- 1 Handvoll Rucola
- 60 ml Olivenöl
- Salz, Pfeffer
- 4 Thunfisch-Steaks (à 140 g, ca. 2 cm dick)
- 4 Baguette-Brötchen
- 6 EL Mayonnaise
- 1 EL Wasabi-Paste
- 1 Spritzer Limettensaft

1. Den Keramikgrill für 250 °C direkte Hitze vorbereiten.
2. Knoblauch schälen und hacken. Zitrone waschen, abtrocknen, Schale abreiben und Saft auspressen. Rucola waschen und trocken schütteln.
3. In einer kleinen Schüssel Olivenöl, Knoblauch, Saft und etwas Abrieb der Zitrone sowie Salz und Pfeffer verrühren.
4. Die Thunfisch-Steaks auf beiden Seiten großzügig mit der Mischung einpinseln und 1–2 Minuten pro Seite auf dem Grill scharf anbraten.
5. Wenn der Thunfisch fertig gegrillt ist, vom Grill nehmen und etwas ruhen lassen.
6. Die Brötchen aufschneiden und auf dem Grill von beiden Seiten kurz anrösten.
7. Die Mayonnaise in einer Schüssel mit dem Wasabi verrühren und mit einem Spritzer Limettensaft abschmecken.
8. Die Innenseiten der Brötchen damit bestreichen und Rucola darauf verteilen.
9. Jeweils 1 Thunfisch-Steak auf den Rucola legen und den Bötchendeckel aufsetzen.

Pastrami

ZUBEREITUNGSZEIT:
5 TAGE VORBEREITUNG • 6 STUNDEN RÄUCHERN • 1 STUNDE RUHEN

ZUTATEN FÜR 4 PERSONEN

- 2 kg Rinderbrust
- 80 g Pökelsalz
- 90 g brauner Zucker
- 4 EL schwarze Pfefferkörner
- 2 TL Knoblauchpulver
- 1–2 Hickoryholzchips
- 1 Pastrami-Rub (eine Mischung aus Paprikapulver, Kreuzkümmel, Knoblauchpulver, Senfpulver, Koriander und Pfeffer)

Zubehör:

- verschließbarer Gefrierbeutel
- Alufolie

1. Die Rinderbrust bei Bedarf parieren, unter fließendem Wasser abspülen und mit einem Küchentuch trocken tupfen.
2. In einer Schüssel das Pökelsalz, den braunen Zucker, die schwarzen Pfefferkörner und das Knoblauchpulver vermischen.
3. Die Rinderbrust mit der Pökelsalzmischung einreiben und in einen verschließbaren Beutel geben. Den Beutel in den Kühlschrank legen und Fleisch mindestens 5 Tage lang pökeln.
4. Nach dem Pökeln die Rinderbrust aus dem Beutel nehmen und gründlich unter fließendem Wasser abspülen, um das überschüssige Salz zu entfernen. Danach das Fleisch mit einem Küchentuch trocken tupfen.
5. Den Grill auf 110 °C indirekte Hitze vorheizen und die Hickoryholzchips in Wasser einweichen.
6. Pastrami-Rub auf die Rinderbrust reiben und das Fleisch auf den Grillrost setzen. Die Hickoryholzchips auf die heiße Kohle legen, um Rauch zu erzeugen.
7. Das Fleisch ca. 6 Stunden räuchern, bis es eine Kerntemperatur von 93 °C erreicht hat. Pastrami vom Keramikgrill nehmen, in Alufolie wickeln und ca. 1 Stunde ruhen lassen.

Alternativ: Man kann die Pastrami auch bis zu einer Kerntemperatur von 68 °C räuchern (nach ca. 3 Stunden) und kalt werden lassen. Danach muss das Fleisch noch einvakuumiert für 1–2 Wochen im Kühlschrank reifen und kann dann dünn aufgeschnitten werden. Die Variante eignet sich super für Sandwiches mit saurer Gurke und Mayonnaise oder auch als Aufschnitt zum Frühstück.

Bier-und-Kraut-Bratwürste

ZUBEREITUNGSZEIT:
5 MINUTEN VORBEREITUNG • 15 MINUTEN GRILLEN

ZUTATEN FÜR 4 PERSONEN

500 ml Bier
4 Bratwürste
2–3 milde Peperoni
400 g Sauerkraut
1 TL Kümmel (optional)
4 Baguettebrötchen

Zubehör:

gusseiserne Pfanne

1. Den Grill für 180 °C direkte Hitze vorbereiten.
2. Das Bier in die Pfanne geben und auf dem Grill erwärmen.
3. Die Bratwürste mit einer Gabel anstechen und zum Bier in die Pfanne legen. Bratwürste ca. 10 Minuten garen, dann aus der Pfanne nehmen.
4. Die Peperoni in Ringe schneiden und mit dem Sauerkraut in die Pfanne geben. Optional etwas Kümmel hinzugeben.
5. Während das Sauerkraut in der Pfanne warm wird, die Bratwürste auf dem Grill rundherum anbraten.
6. Brötchen aufschneiden und die Schnittflächen auf dem Grill kurz anrösten.
7. Bratwürste in die Brötchen legen und mit Sauerkraut toppen.

Hackfleisch-Pita

ZUBEREITUNGSZEIT:
15 MINUTEN VORBEREITUNG • 25 MINUTEN GRILLEN

ZUTATEN FÜR 5 PERSONEN

- 1 Handvoll glatte Petersilie
- 600 g Hackfleisch
- 2 TL Salz
- ½ TL gemahlener Kreuzkümmel
- ½ TL Pfeffer
- 1 TL edelsüßes Paprikapulver
- 1 TL Piment d'Espelette
- 2 Knoblauchzehen
- 5 Pitabrote

1. Den Grill für 180 °C indirekte Hitze vorbereiten.
2. Petersilie waschen, trocken schütteln und hacken. Mit dem Hackfleisch und den Gewürzen in eine Schüssel geben. Knoblauch schälen und dazupressen. Masse gut vermischen.
3. Die Pitabrote aufschneiden und die gewürzte Hackfleischmasse gleichmäßig darin verteilen (vorsichtig, damit die Brote nicht aufreißen).
4. Die Brote 20–25 Minuten bei 180 °C indirekter Hitze auf dem Grill backen.

Double-Bacon-Burger

ZUBEREITUNGSZEIT:
15 MINUTEN VORBEREITUNG • 30 MINUTEN GRILLEN

ZUTATEN FÜR 4 PERSONEN

250 g Bacon am Stück
250 g Rinderhackfleisch
8 Scheiben Bacon
4 Burger-Buns
4 EL Butter
4 Blätter Salat
2 Tomaten
BBQ-Soße nach Belieben

Zubehör:

gusseiserne Pfanne
Küchenrolle

1. Den Grill für 200 °C direkte Hitze vorbereiten.
2. Den Bacon am Stück klein schneiden und mit einem Messer durchhacken. Baconmasse in einer Schüssel mit dem Hackfleisch mischen und dann 4 Patties daraus formen.
3. Die Baconscheiben in einer gusseisernen Pfanne auf direkter Hitze kross braten, danach auf Küchenpapier abtropfen lassen.
4. Die Patties auf direkter Hitze von jeder Seite 5–7 Minuten scharf anbraten (Kerntemperatur 75–80 °C).
5. Die Buns aufschneiden, die Innenseiten buttern und Brote kurz über direkter Hitze anrösten.
6. Salat waschen und mit Küchenpapier trocken tupfen, Tomaten waschen und in Scheiben schneiden.
7. BBQ-Soße auf den Brötchenhälften verteilen. Auf die unteren Hälften jeweils erst 1 Salatblatt, Tomatenscheiben, 2 Baconscheiben und dann den Patty legen. Mit der oberen Brötchenhälfte als Deckel abschließen.

Caesar-Salad-Burger

ZUBEREITUNGSZEIT:
20 MINUTEN VORBEREITUNG • 20 MINUTEN GRILLEN

ZUTATEN FÜR 4 PERSONEN

1 Knoblauchzehe
2 Sardellenfilets
2 TL Kapern
6 EL Mayonnaise
1 TL Dijonsenf
Saft von ½ Limette
Salz
2 Römersalate
4 ausgebeinte Hähnchenschenkel (à ca. 175 g)
Pfeffer
4 Burger-Buns
4 EL Butter
50 g geriebener Parmesan

Zubehör:

Stabmixer

1. Den Grill für 180 °C direkte Hitze vorbereiten.
2. Für das Dressing den Knoblauch schälen und hacken. Mit den Sardellenfilets, den Kapern, der Mayonnaise und dem Senf in ein Gefäß geben und kurz mit dem Stabmixer durchmixen. Mit dem Limettensaft und evtl. etwas Salz abschmecken.
3. Den Salat putzen, waschen, trocken schütteln und in Streifen schneiden. Salat in einer Schüssel mit dem Dressing gut vermischen.
4. Das Hähnchenfleisch salzen und pfeffern und zuerst auf der Hautseite ca. 10 Minuten auf dem Grill bei direkter Hitze anbraten, dann auf die Fleischseite drehen und fertig garen, je nach Dicke dauert das 5–10 Minuten.
5. Die Buns aufschneiden, die Innenseiten buttern und über direkter Hitze anrösten.
6. Den Salat auf den unteren Bunhälften verteilen, etwas Parmesan darüberstreuen und das Hähnchenfleisch daraufsetzen. Mit den Brötchenoberseiten als Deckel abschließen.

BBQ-Schweinebauch-Burger

ZUBEREITUNGSZEIT:
5 MINUTEN VORBEREITUNG • 1–12 STUNDEN MARINIEREN • 1 STUNDE GRILLEN

ZUTATEN FÜR 4 PERSONEN

- 1 Knoblauchzehe
- 120 ml Sojasoße
- 6 EL brauner Zucker
- 1 TL Salz
- 1 TL Pfeffer
- ½ TL Cayennepfeffer
- 4 Scheiben Schweinebauch (à ca. 130 g)
- 8 EL BBQ-Soße nach Wahl
- 2 Tomaten
- 4 Salatblätter
- 4 Burger-Buns
- 4 EL Butter

1. Knoblauch schälen und hacken. Mit Sojasoße, Zucker, Salz, Pfeffer und Cayennepfeffer in einer Schüssel verrühren. Die Schweinebauchscheiben hineinlegen und mindestens 1 Stunde, besser über Nacht, im Kühlschrank marinieren.
2. Den Grill für 180 °C indirekte Hitze vorbereiten.
3. Die Schweinebauchscheiben aus der Marinade nehmen und abtropfen lassen. Auf den Grill legen und 30 Minuten grillen. Die Scheiben wenden, mit etwas BBQ-Soße einpinseln und weitere 30 Minuten grillen, bis die Kerntemperatur 90–93 °C beträgt.
4. Währenddessen die Tomaten waschen und in Scheiben schneiden. Den Salat waschen und trocken schütteln.
5. Die Schweinebauchscheiben vom Grill nehmen.
6. Die Buns halbieren, buttern und kurz auf dem Grill anrösten.
7. Die Bun-Unterseiten mit BBQ-Soße bestreichen und mit Salat, Tomaten und den Schweinebauchscheiben belegen. Die Bun-Oberseiten als Deckel auflegen.

Hähnchen-Burger

ZUBEREITUNGSZEIT:
15 MINUTEN VORBEREITUNG • 25 MINUTEN GRILLEN

ZUTATEN FÜR 4 PERSONEN

4 Hähnchenbrustfilets
Salz, Pfeffer
3 Eier
1 Tüte Paprika-Nachos
8 EL Mehl
½ Eisbergsalat
4 Burger-Buns
8 EL Mayonnaise

Zubehör:

Klarsichtfolie
Plattiereisen / Pfanne

1. Den Grill für 180 °C indirekte Hitze vorbereiten.
2. Die Hähnchenbrustfilets zwischen 2 Klarsichtfolien legen und mit einem Plattiereisen oder einer Pfanne gleichmäßig platt klopfen. Die Filets mit Salz und Pfeffer würzen.
3. Die Eier in einen tiefen Teller aufschlagen und mit dem Schneebesen gut verquirlen.
4. Die Paprika-Nachos ebenfalls mit dem Plattiereisen in kleine Krümel klopfen und in einen weiteren Teller füllen.
5. Das Mehl in einen dritten Teller geben.
6. Die Filets zuerst durch das Ei ziehen, dann in den Nacho-Bröseln wenden und diese gut andrücken. Zum Schluss noch kurz die Filets rundum in das Mehl drücken.
7. Die Hähnchenbrustfilets auf dem Grill bei indirekter Hitze bei 180 °C 20–25 Minuten backen, je nach Dicke. Nach 10 Minuten die Filets wenden.
8. Den Salat waschen, mit Küchenpapier trocken tupfen und in Streifen schneiden.
9. Die Brötchen aufschneiden und mit der Schnittfläche nach unten auf direkter Hitze kurz anrösten.
10. Mayonnaise auf alle Brötchenhälften streichen und die unteren Hälften mit etwas Eisbergsalat belegen. Darauf dann die Hähnchenbrustfilets setzen und mit dem Deckel abschließen.

Pulled Pork

ZUBEREITUNGSZEIT:
5 MINUTEN VORBEREITUNG • MINDESTENS 12 STUNDEN MARINIEREN • 8 STUNDEN GRILLEN • 1 STUNDE RUHEN

ZUTATEN FÜR 4–6 PERSONEN

- 2 EL brauner Zucker
- 2 EL edelsüßes Paprikapulver
- 2 EL Knoblauchpulver
- 2 EL Zwiebelpulver
- 1 EL Senfpulver
- 1 EL Salz
- 1 EL Pfeffer
- 2 kg Schweineschulter (ohne Knochen)
- 300 ml Apfelsaft
- 100 ml Apfelessig

Zubehör:

- Sprühflasche
- Klarsichtfolie
- Alufolie

1. Zucker und Gewürze in einer Schüssel gut vermischen und die Schweineschulter großzügig damit einreiben. Das Fleisch in Klarsichtfolie einwickeln oder vakuumieren und mindestens 12 Stunden im Kühlschrank marinieren lassen.
2. Am nächsten Tag den Keramikgrill für 110 °C indirekte Hitze vorbereiten und bei Erreichen der Temperatur das Fleisch auf den Rost legen.
3. Apfelsaft und Apfelessig in einer Schüssel mischen und in eine Sprühflasche füllen.
4. Das Fleisch alle 45–60 Minuten großzügig mit der Flüssigkeit einsprühen.
5. Nach 6–8 Stunden sollte die Schweineschulter eine Kerntemperatur von 90–95 °C erreicht haben.
6. Das Fleisch vom Grill nehmen, in Alufolie einwickeln und am besten in eine Warmhaltebox legen. Zur Not kann man es auch mit Handtüchern einwickeln. Das Fleisch 30–60 Minuten ruhen lassen.
7. Nach der Ruhezeit das Fleisch mit 2 Gabeln auseinanderziehen und in kleine Stücke zerlegen.

Das Pulled Pork in Brötchen oder Tortillas mit der Lieblings-BBQ-Soße und Beilagen wie Krautsalat oder eingelegten Gurken servieren.

SÜSSES

Fruchtpäckchen

ZUBEREITUNGSZEIT:
15 MINUTEN VORBEREITUNG • 15 MINUTEN GRILLEN

ZUTATEN FÜR 4 PERSONEN

1 Birne
1 Apfel
150 g Trauben
1 EL Ahornsirup
Abrieb von ½ Bio-Zitrone
2 EL Mandeln
1 Riegel Zartbitterschokolade

Zubehör:

Backpapier
Reibe

1. Den Grill für 160 °C indirekte Hitze vorbereiten.
2. Birne und Apfel waschen, entstielen, entkernen und in mundgerechte Stücke schneiden. In eine Schüssel geben.
3. Trauben waschen, entstielen und ebenfalls in die Schüssel geben. Ahornsirup und Zitronenabrieb zufügen und alles gut verrühren.
4. Das Backpapier in 4 Rechtecke schneiden und die Fruchtmischung gleichmäßig darauf verteilen.
5. Die Mandeln etwas zerstoßen und über die Früchte geben. Die Zartbitterschokolade mit einer Reibe über die Früchte reiben.
6. Die Enden der Backpapierstücke zusammenfassen, Päckchen formen und zubinden.
7. Die Päckchen dann auf indirekter Hitze bei 160 °C ca. 15 Minuten grillen.

Dazu passt gut je 1 Kugel Vanilleeis.

Schoko-Marshmallow-Bananen

ZUBEREITUNGSZEIT:
10 MINUTEN VORBEREITUNG • 10 MINUTEN GRILLEN

ZUTATEN FÜR 4 PERSONEN

- 4 Bananen
- 100 g halbsüße Schokolade
- 1 Handvoll Mini-Marshmallows
- 30 g gehackte Nüsse (optional)
- 4 EL Honig

1. Den Grill für 160 °C indirekte Hitze vorbereiten.
2. Die Bananen längs in der Mitte ein- aber nicht durchschneiden.
3. Die Schokolade zerkleinern. In die Spalten der Bananen Marshmallows und Schokoladenstückchen stecken. Wer mag, kann noch gehackte Nüsse hinzufügen. Zum Schluss über jede Banane 1 EL Honig träufeln.
4. Die gefüllten Bananen 5–10 Minuten bei 160 °C indirekter Hitze auf den Grill legen, bis die Schokolade und die Marshmallows geschmolzen und die Bananen weich sind.
5. Die Bananen vom Grill nehmen und etwas abkühlen lassen, danach noch nach Wunsch mit zusätzlichen Marshmallows, Schokoladenstückchen, Honig und gehackten Nüssen garnieren.

Gegrillte Pfirsiche

ZUBEREITUNGSZEIT:
10 MINUTEN VORBEREITUNG • 3 MINUTEN GRILLEN

ZUTATEN FÜR 4 PERSONEN

- 4 reife Pfirsiche
- 2 EL Öl
- 2 EL Honig
- 1 TL gemahlener Zimt
- 250 g Mascarpone
- 200 ml Sahne
- 1 TL Puderzucker
- 1 TL Vanilleextrakt
- frische Minzblätter zum Garnieren

1. Den Keramikgrill für 180 °C direkte Hitze vorbereiten.
2. Pfirsiche waschen, abtrocknen, halbieren und entsteinen.
3. In einer kleinen Schüssel Öl, Honig und Zimt vermischen und die Pfirsichhälften damit einpinseln.
4. Die Pfirsiche mit der Schnittfläche nach unten auf den Grill legen und 2–3 Minuten grillen, bis sie leicht gebräunt sind.
5. Währenddessen den Mascarpone in einer Schüssel mit der Sahne, dem Puderzucker und dem Vanilleextrakt verrühren.
6. Die Pfirsiche auf einen Teller setzen, jeweils 1 Klecks Mascarpone-Creme daraufgeben und mit etwas Minze garnieren.

Gegrillte Ananasringe

ZUBEREITUNGSZEIT:
10 MINUTEN VORBEREITUNG • 6 MINUTEN GRILLEN

ZUTATEN FÜR 4 PERSONEN

1 Ananas
200 g Kokoszucker
1 TL gemahlener Zimt
30 g Kokosraspel
50 g Butter

1. Den Keramikgrill für 180 °C direkte Hitze vorbereiten.
2. Ananas schälen, in Scheiben schneiden und den Strunk entfernen.
3. In einer Schüssel Kokoszucker, Zimt und Kokosraspel vermischen.
4. Die Butter in einem Topf schmelzen, Ananasringe großzügig damit einpinseln und etwa 2–3 Minuten pro Seite bei 180 °C direkter Hitze grillen.
5. Die gegrillten Ananasringe auf Teller legen und das Kokos-Zimt-Zucker-Topping darübergeben.

Hefeteigschnecken

ZUBEREITUNGSZEIT:
2 STUNDEN VORBEREITUNG • 25 MINUTEN GRILLEN

ZUTATEN FÜR 4–6 PERSONEN

- 500 g Mehl + mehr für die Arbeitsfläche
- 1 Päckchen Trockenhefe
- 1 TL Salz
- 100 g Zucker
- 250 ml Milch
- 50 g Butter
- 1 Ei
- 1 TL Vanilleextrakt
- 200 g Früchte nach Wahl, z. B. Beeren, Äpfel, Birnen
- Puderzucker zum Bestäuben

Zubehör:

- Küchenmaschine mit Knethaken
- Backpapier
- Backblech

1. Mehl, Trockenhefe, Salz und Zucker in der Schüssel der Küchenmaschine vermischen.
2. Milch in einem Topf lauwarm erwärmen und mit Butter, Ei und Vanilleextrakt hinzugeben. In 10 Minuten zu einem geschmeidigen Teig kneten.
3. Die Schüssel mit einem sauberen Tuch abdecken und an einem warmen Ort ca. 1 ½ Stunden gehen lassen.
4. Den Keramikgrill für 200 °C indirekte Hitze vorbereiten.
5. Die Früchte waschen, evtl. schälen, entstielen, entkernen und klein schneiden.
6. Teig aus der Schüssel nehmen und auf einer bemehlten Arbeitsfläche mit den Händen noch einmal durchkneten.
7. Den Teig zu einem Rechteck ausrollen und die Früchte darauf verteilen. Von einer langen Seite aus vorsichtig aufrollen. Rolle in 2–3 cm dicke Scheiben schneiden. Die Scheiben auf ein mit Backpapier ausgelegtes Backblech legen und nochmals 15–20 Minuten zugedeckt gehen lassen.
8. Die Hefeteigschnecken auf dem Keramikgrill bei indirekter Hitze 20–25 Minuten backen, bis sie goldbraun sind.
9. Vom Grill nehmen, etwas abkühlen lassen und mit Puderzucker bestäuben.

Bratäpfel

ZUBEREITUNGSZEIT:
15 MINUTEN VORBEREITUNG • 40 MINUTEN GRILLEN

ZUTATEN FÜR 4 PERSONEN

4 Butterkekse
4 EL Rosinen
4 EL gehackte Walnüsse
4 EL brauner Zucker
1 TL gemahlener Zimt
1 Messerspitze gemahlene Nelken
4 Äpfel
4 EL Butter
Saft von 1 Zitrone

Zubehör:

Apfelausstecher
Auflaufform

1. Den Grill für 200 °C indirekte Hitze vorbereiten.
2. In einer kleinen Schüssel die Butterkekse zerkleinern und mit den Rosinen, Walnüssen, Zucker, Zimt und Nelken vermischen.
3. Die Äpfel waschen, oben jeweils einen Deckel abschneiden und das Kerngehäuse mit einem Apfelausstecher entfernen.
4. Die Äpfel in die Auflaufform stellen, mit der Rosinen-Walnuss-Mischung füllen und jeweils mit 1 EL Butter bedecken. Zum Schluss noch den Deckel daraufsetzen und die Äpfel mit dem Zitronensaft beträufeln.
5. Die Äpfel auf dem Grill ca. 40 Minuten braten, bis sie weich sind und die Füllung leicht gebräunt ist.

Bibliografische Information der Deutschen Nationalbibliothek
Die Deutsche Nationalbibliothek verzeichnet diese Publikation in der Deutschen Nationalbibliografie. Detaillierte bibliografische Daten sind im Internet über http://d-nb.de abrufbar.

Für Fragen und Anregungen
info@rivaverlag.de

Originalausgabe
1. Auflage 2023

Türkenstraße 89
80799 München
Tel.: 089 651285-0
Fax: 089 652096

Redaktion: Caroline Kazianka
Umschlaggestaltung: Sonja Vallant
Umschlagabbildung und Abbildungen Innenteil: Michael Gerhardy
Satz: inpunkt[w]o, Wilnsdorf (www.inpunktwo.de)
Druck: Florjancic Tisk d.o.o., Slowenien
Printed in the EU

ISBN Print 978-3-7423-2382-8
ISBN E-Book (PDF) 978-3-7453-2136-4
ISBN E-Book (EPUB, Mobi) 978-3-7453-2137-1

Wir produzieren nachhaltig
www.m-vg.de

Weitere Informationen zum Verlag findest du unter
www.rivaverlag.de
Beachte auch unsere weiteren Verlage unter www.m-vg.de